すみっコぐらし™ 学習ドリル

小学校で習う はじめての 英語の文

しろくま

北からにげてきた、さむがりで
ひとみしりのくま。あったかい
お茶をすみっこでのんでいる
ときがおちつく。

ぺんぎん？

じぶんはぺんぎん？
じしんがない。
昔はあたまにお皿が
あったような…。

とんかつ

とんかつのはじっこ。
おにく1％、しぼう99％。
あぶらっぽいから
のこされちゃった…。

ねこ

はずかしがりやのねこ。
気が弱く、よくすみっこを
ゆずってしまう。

とかげ

じつは、きょうりゅうの
生きのこり。
つかまっちゃうので
とかげのふりをしている。

英語の文の書き方

英語の文を書くときは次の7つのルールがあります。
このルールを守って書くように気をつけましょう。

① **文の最初のアルファベットは大文字にする**

文の先頭にくる文字は大文字で書きます。アルファベットの大文字と
小文字をどちらも正しく書けるようにしておきましょう。

② **単語と単語の間はあける**

単語と単語の間はアルファベットの小文字一字分くらいあけましょう。
間をあけることで、どこまでが一つの単語なのかわかりやすくなりま
す。

2

③ ぎ問文の終わりはクエスチョンマーク「？」を使う

相手に質問をする文（ぎ問文）の最後には、クエスチョンマーク「？」を使います。

④ 「、」ではなく「,」を使う

文を区切るとき、英語の文では「,」を使います。この点のことをコンマやカンマといい、日本語の「、」と同じ使い方をします。

⑤ 「I」はいつも大文字で書く

「わたしは」という意味を表す「I」は、文のと中であってもいつでも大文字で書きます。

⑥ 短しゅく形や所有格を表すときには「'」を使う

「I am」を「I'm」とまとめて短く書き表す短しゅく形や、「Shirokuma's friend」のように「シロクマの」という所有格※を書き表すときには、「'（アポストロフィー）」という記号を使います。

※所有格…「〜のもの」のように何かを持っているときや、「人と人との関係やつながり」を表現するときに使います。

⑦ 文の終わりには「。」ではなく「.」を使う

日本語の文では文のおわりに「。」をつけますが、英語の文では「.」を使います。これをピリオドといいます。

3

1

ドリルをした
日にちを書きましょう。

2

英文の発音を聞き、
カタカナを声に出し
て読んでみましょう。
英文の下にある日本
語の意味も確認して
おきましょう。これ
を「和訳」といいます。

3

うすい文字を丁ねい
になぞって英文を書
く練習しましょう。

---

18 日ごろの習慣①

月　日
点

☆次の英文を練習しましょう。カタカナを声に出して読み、
その下のうすい字をなぞりましょう。　全部読めて40点／なぞって各10点(100点)

（ホ）ワト　タイム　ドゥ　ユー　ユージュアリ　ゴウ　トゥ　ベド
What time do you usually go to bed?
あなたはいつも何時にねますか。

ワンポイント
「go to bed」は
「ねる」という
意味です。

アイ　ユージュアリ　ゴウ　トゥ　ベド　アト　ナイン　オクラク
I usually go to bed at nine o'clock.
わたしはいつも9時にねます。

at nine o'clock.

アイ　ユージュアリ　ゴウ　トゥ　ベド　アト　テン　サーティ
I usually go to bed at ten-thirty.
ぼくはいつも10時半にねます。

at ten-thirty.

ワンポイント 「o' clock」は「〜時（ちょうど）」と言う時だけ使い、「〜分」まで言う時は使いません。　22　ワンポイント 「What time do you〜？」で、「あなたは何時に〜しますか？」と時間をたずねることができます。

4

終わったらお家の人に
答え合わせをしてもらい、
点数をつけてもらいましょう。

5

1回分が終わったら
「できたね　シール」を
1まいはりましょう。

できたね
シール

見本の英文について

・色太字：その文で覚えたい大
事な英語表現です。
色太字の表現を使え
るようになりましょ
う。
※p74〜77は、二重線を
つけています。

【ワンポイント】について
知っておきたいポイントをのせています。
英語の表現のはばが広がるので、
ぜひチェックしてください。

パソコンやスマートフォンで英語の発音を聴けます！

QRコードを読みこんでください。
QRコードを読みこめない場合は、パソコン/スマートフォン
から下記URLに直接アクセスしてください。

http://www.shufu.co.jp./sgeigonobun

おうちの方へ

●このドリルでは、多くの小学校で採用されている英語教科書に収録されている英文を学びます。
●小学校での学びを充実したものにするだけでなく、中学校での本格的な英語学習の基礎を養うことを目的と
　しています。
●同ドリルシリーズ「小学校で習うはじめての英単語 しぜん編／くらし編」と合わせて学習するとより理解が
　深まります。
●裏表紙内側にある「月や曜日を表す英単語表」は、切り取って、壁に貼るなどして使うこともできます。

名前をたずねる

★次の英文を練習しましょう。カタカナを声に出して読み、その下のうすい字をなぞりましょう。

全部読めて40点／なぞって各15点（100点）

（ホ）ワツ　　ユア　　ネイム
What's your name?
あなたの名前は何ですか。

ワンポイント
「〜は何ですか」とたずねる時は、「What is 〜 ?」の表現を使います。what is＝what'sと短く表すこともできます。

~~What's your name?~~

~~What's your name?~~

マイ　　ネイム　イズ　サクラ　　　タナカ
My name is Sakura Tanaka.
わたしの名前は田中さくらです。

ワンポイント
自分の名前を言う時は、「My name is（名前）.」と表現します。名前の最初のアルファベットは大文字で書きます。

Sakura Tanaka.

~~My name is Sakura Tanaka.~~

~~My name is Sakura Tanaka.~~

2 名前の書き方を たずねる

月 日

点

できたね
シール

★次の英文を練習しましょう。カタカナを声に出して読み、
その下のうすい字をなぞりましょう。

全部読めて40点／なぞって各15点(100点)

ハウ ドゥ ユー スペル ユア ネイム
How do you spell your name?
あなたの名前はどうつづりますか。

How do you spell your name?

How do you spell your name?

エム イー ジー ユー エム アイ　メグミ
M-E-G-U-M-I. Megumi.
恵で、エムイージーユーエムアイとつづります。

M-E-G-U-M-I. Megumi.

M-E-G-U-M-I. Megumi.

6

3 あいさつの文

★次の英文を練習しましょう。カタカナを声に出して読み、
その下のうすい字をなぞりましょう。

全部読めて40点／なぞって各10点（100点）

グ　　　　モーニン
Good morning.

おはようございます。

ワンポイント
午後には「Good afternoon.」（こんにちは）、
夕方・晩には「Good evening.」（こんばんは）
を使ってあいさつをします。

Good morning.

Good morning.

ヘロウ
Hello.

こんにちは。

ワンポイント
電話で「もしもし」と言う時も、
「Hello.」を使います。

Hello.

Hello.

ナイス　トゥ　　　ミーテユー
Nice to meet you.

はじめまして。

Nice to meet you.

Nice to meet you.

4 自こしょうかい①

★次の英文を練習しましょう。カタカナを声に出して読み、
その下のうすい字をなぞりましょう。

全部読めて40点／なぞって各10点（100点）

アイム　　　ケンタロー　　　スズキ
I'm Kentaro Suzuki.
ぼくは鈴木健太郎です。

ワンポイント
「わたしは～です」と言う時は、
「I am ～.」の表現を使います。I am
＝I'm と短く表すこともできます。

Kentaro Suzuki.

I'm Kentaro Suzuki.

コール　ミー　ケン
Call me Ken.
ケンと呼んでください。

Ken.

Call me Ken.

マイ　　　バースデイ　イズ　メイ　フィフス
My birthday is May 5th.
ぼくのたん生日は5月5日です。

May 5th.

My birthday is May 5th.

 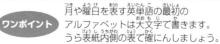

ワンポイント　月や曜日を表す英単語の最初の
アルファベットは大文字で書きます。
うら表紙内側の表で確にんしましょう。

5 自こしょうかい②

★次の英文を練習しましょう。カタカナを声に出して読み、
その下のうすい字をなぞりましょう。

全部読めて40点／なぞって各15点（100点）

アイ ライク　　サカ

I like soccer.

ぼくはサッカーが好きです。

ワンポイント

自分の好きなものを表現する時は、「I like
〜.（わたしは〜が好きです）」を使います。

I like soccer.

I like soccer.

アイ ライク　　チョークレト

I like chocolate.

ぼくはチョコレートが好きです。

I like chocolate.

I like chocolate.

6 自こしょうかい③

★次の英文を練習しましょう。カタカナを声に出して読み、
その下のうすい字をなぞりましょう。

全部読めて40点／なぞって各15点(100点)

アイ　プレイ　ザ　ギター
I play the guitar.
わたしはギターをひきます。

ワンポイント
「play」を「演そうする」という意味で使う時、楽器を表す単語の前に「the」をつけます。

I play the guitar.

I play the guitar.

アイ　ワント　ア　ニュー　ギター
I want a new guitar.
わたしは新しいギターがほしいです。

ワンポイント
自分のほしいものを表現するときは「I want ～.(わたしは～がほしいです)」を使います。

I want a new guitar.

I want a new guitar.

Sumikko

★次の英文を練習しましょう。カタカナを声に出して読み、
その下のうすい字をなぞりましょう。

全部読めて40点／なぞって各10点（100点）

マイ　　　トレジャ　　イズ　ズィス　　　ブク

My treasure is this book.

わたしのたから物はこの本です。

this book.

マイ　　　トレジャ　　イズ　ズィス　　　ピクチャ

My treasure is this picture.

わたしのたから物はこの写真です。

this picture.

マイ　　　トレジャ　　イズ　ズィス　　　サカ　　　ボール

My treasure is this soccer ball.

ぼくのたから物はこのサッカーボールです。

this soccer ball.

11

ワンポイント

「treasure」は「たから物」という意味の英単語です。
自分のたから物を伝える時は、「My treasure is ～.」
（わたしのたから物は～です。）と表現します。

たから物の説明②

★次の英文を練習しましょう。カタカナを声に出して読み、
その下のうすい字をなぞりましょう。

全部読めて40点／なぞって各15点（100点）

（ホ）ワト　イズ　マイ　　　トレジャ

What is my treasure?

ぼくのたから物は何でしょう。

What is
my treasure?

What is my treasure?

イズ イト　ア　　ベイスボール　　キャプ

Is it a baseball cap?

それは野球のぼうしですか。

ワンポイント

「cap」は「（つばがないか前にだけある）ぼうし」、「hat」は「（ふちが全体についている）ぼうし」で使い分けます。

Is it
a baseball cap?

Is it a baseball cap?

1 左の英語と右の日本語が合うように線でつなぎましょう。 1つ20点（60点）

I'm Aya. ●

I like apple juice. ●

My birthday is June 1st. ●

● わたしはリンゴジュースが好きです。

● わたしのたん生日は6月1日です。

● わたしはあやです。

2 □に当てはまるアルファベットを書き、日本語を英語にしましょう。 1つ20点（40点）

① おはようございます。

G □□ d □ o n □ ng.

② はじめまして。

N □ ce t □ m □ t y □ u.

10 好きな果物

月　日
点
できたね
シール

★次の英文を練習しましょう。カタカナを声に出して読み、その下のうすい字をなぞりましょう。

全部読めて40点／なぞって各10点（100点）

（ホ）ワト　フルート　ドゥ　ユー　ライク
What fruit do you like?
何の果物が好きですか。

What fruit do you like?

fruit　　　　　　？

What fruit do you like?

アイ　ライク　　アプルズ
I like apples.
わたしはリンゴが好きです。

I like apples.

apples.

I like apples.

アイ　ライク　　バナナズ
I like bananas.
ぼくはバナナが好きです。

I like bananas.

bananas.

I like bananas.

 ワンポイント　英語の文では、二つ以上あるものを表す単語の終わりは「s」をつけるなどして書き表します。これを複数形といいます。

14

 ワンポイント　好きな果物を伝える時などは、その果物全体について表現するため単語を複数形にして使います。（apple → apples）

11 ほしいもの

★次の英文を練習しましょう。カタカナを声に出して読み、
その下のうすい字をなぞりましょう。

全部読めて40点／なぞって各10点（100点）

（ホ）ワト　ドゥ　ユー　ワント　フォ　ユア　バースデイ
What do you want for your birthday?
あなたはたん生日に何がほしいですか。

your birthday?

アイ　ワント　ア　ビグ　ケイク
I want a big cake.
わたしは大きなケーキがほしいです。

a big cake.

アイ　ワント　ア　ウォーム　ハト
I want a warm hat.
ぼくはあたたかいぼうしがほしいです。

a warm hat.

12 プレゼントをする

★次の英文を練習しましょう。カタカナを声に出して読み、
その下のうすい字をなぞりましょう。

全部読めて40点／なぞって各10点（100点）

ズィス イズ フォ ユー
This is for you.

これをあなたにあげます。

This is for you.

This is for you.

ヒア ユ アー
Here you are.

はい、どうぞ。

ワンポイント
人にものをわたす時は、「Here you are.」
（はい、どうぞ。）という表現を使います。

Here you are.

Here you are.

サンキュ
Thank you.

ありがとう。

Thank you.

Thank you.

月 日
点
てきたね シール

★ 次の英文を練習しましょう。カタカナを声に出して読み、
その下のうすい字をなぞりましょう。

全部読めて40点／なぞって各10点（100点）

（ホ）ワト　ドゥ　ユー　　ワントゥ　　スタディ
What do you want to study?
あなたは何を勉強したいですか。

What do you want to study?

What do you want to study?

アイ　　ワントゥ　　スタディ　　マス
I want to study math.
わたしは算数を勉強したいです。

I want to study math.

I want to study math.

アイ　　ワントゥ　　スタディ　　イングリシュ
I want to study English.
ぼくは英語を勉強したいです。

I want to study English.

I want to study English.

17

ワンポイント　やりたいことを表現するときは「want to ～（～したい）」を使います。「want to study」は「勉強したい」という意味です。

14 したいこと②

★次の英文を練習しましょう。カタカナを声に出して読み、
その下のうすい字をなぞりましょう。

全部読めて40点／なぞって各10点（100点）

（ホ）ワト　ドゥ　ユー　ワントゥ　ビー
What do you want to be?
あなたは何になりたいですか。

What do you want to be?

What do you want to be?

アイ　ワントゥ　ビー　ア　ベイカ
I want to be a baker.
わたしはパン屋になりたいです。

I want to be a baker.

I want to be a baker.

アイ　ワントゥ　ビー　ア　ダクタ
I want to be a doctor.
ぼくは医者になりたいです。

I want to be a doctor.

I want to be a doctor.

ワンポイント　「want to be」は「〜になりたい」という意味です。

復習ドリル②

1 左の英語の内容と右のイラストが合うように線でつなぎましょう。

1つ20点(60点)

①

I want a soccer ball. ●

●

②

I want a piano. ●

●

③

I want a
piece of cake. ●

●

2 質問に合う答えを □ から選び、英語で書きましょう。

1つ20点(40点)

① What do you want to study?

② What do you want for your birthday?

I want a blue cap.　　I want to study math.

16 生まれたところ

★次の英文を練習しましょう。カタカナを声に出して読み、
その下のうすい字をなぞりましょう。

全部読めて40点／なぞって各10点（100点）

（ホ）ウェア　アー　ユー　フラム
Where are you from?
あなたはどちらの出身ですか。

ワンポイント
場所をたずねる時は「where」（どこ）という単語をぎ問文の最初につけます。

Where are you from?

Where are you from?

アイム　フラム　ヂャパン
I'm from Japan.
わたしは日本の出身です。

ワンポイント
自分の出身地を表現するときは「I am from ～.（わたしは～の出身です）」を使います。

Japan.

I'm from Japan.

アイム　フラム　ホッカイドー
I'm from Hokkaido.
わたしは北海道の出身です。

Hokkaido.

I'm from Hokkaido.

20

★次の英文を練習しましょう。カタカナを声に出して読み、
その下のうすい字をなぞりましょう。

全部読めて40点／なぞって各15点(100点)

(ホ) ウェア　ドゥ　ユー　リヴ

Where do you live?

あなたはどこに住んでいますか。

Where do you live?

Where do you live?

アイ リヴ イン　　カゴシマ　　　ヂャパン

I live in Kagoshima, Japan.

ぼくは日本の鹿児島に住んでいます。

ワンポイント
自分の住んでいる場所を表現する時は「I live in ～.（わたしは～に住んでいます）」を使います。

Kagoshima, Japan.

I live in Kagoshima, Japan.

ワンポイント
英語で地名を説明する時は、「市区町村」→「都道府県」→「国」の順で表現します。

18 日ごろの習慣①

月 日

点

てきたね
シール

★次の英文を練習しましょう。カタカナを声に出して読み、
その下のうすい字をなぞりましょう。

全部読めて40点／なぞって各10点(100点)

（ホ）ワト　タイム　ドゥ　ユー　ユージュアリ　ゴウ　トゥ　ベド
What time do you usually go to bed?
あなたはいつも何時にねますか。

ワンポイント
「go to bed」は
「ねる」という
意味です。

What time do you usually go to bed?

What time do you usually go to bed?

アイ　ユージュアリ　ゴウ　トゥ　ベド　アト　ナイン　オクラク
I usually go to bed at nine o'clock.
わたしはいつも9時にねます。

I usually go to bed at nine o'clock.

I usually go to bed at nine o'clock.

アイ　ユージュアリ　ゴウ　トゥ　ベド　アト　テン　サーティ
I usually go to bed at ten-thirty.
ぼくはいつも10時半にねます。

I usually go to bed at ten-thirty.

I usually go to bed at ten-thirty.

ワンポイント　「o'clock」は「…時（ちょうど）」と言う時だけ使い、
「…分」まで表す時は使いません。

ワンポイント　「What time do you ～?」で、「あなたは何時に～
しますか?」と時間をたずねることができます。

日ごろの習慣②

★次の英文を練習しましょう。カタカナを声に出して読み、その下のうすい字をなぞりましょう。

全部読めて40点／なぞって各15点（100点）

アイ　ユージュアリ　メイク　ランチ　アン　サタデイズ

I usually make lunch on Saturdays.

わたしは毎週土曜日に昼食を作ります。

ワンポイント
「on Saturdays」のように、曜日を表す単語に「s」をつけると、「毎週○曜日」という意味になります。

I usually make lunch on Saturdays.

I usually make lunch on Saturdays.

アイ　ウォーク　マイ　ドーグ　エヴリ　デイ

I walk my dog every day.

わたしは毎日犬の散歩をします。

ワンポイント
「walk my dog」は「（自分の）犬を散歩させる」という意味です。

I walk my dog every day.

I walk my dog every day.

 ワンポイント 毎日の習慣を表す時は「usually」（いつもは、たいてい）や「every day」（毎日）などの語を使います。

20 学校への行き方

★次の英文を練習しましょう。カタカナを声に出して読み、
その下のうすい字をなぞりましょう。

全部読めて40点／なぞって各10点（100点）

ハウ　ドゥ　ユー　ゴウ　トゥ　スクール

How do you go to school?

あなたはどうやって学校へ行きますか。

ワンポイント
交通手だんをたずねる時は「How do you go to ～?（あなたはどうやって～へ行きますか）」を使います。

How do you go to school?

How do you go to school?

アイ　ユージュアリ　ゴウ　トゥ　スクール　バイ　バス

I usually go to school by bus.

わたしはいつもバスで学校へ行きます。

I usually go to school by bus.

I usually go to school by bus.

アイ　ユージュアリ　ウォーク　トゥ　スクール

I usually walk to school.

ぼくはいつも歩いて学校へ行きます。

I usually walk to school.

I usually walk to school.

ワンポイント 交通手だんを表す時は、「by」を使います。

21 復習ドリル③

1 うすい字の英文をなぞり、その内容と合うイラストを一つ選んで（　）に〇を書きましょう。

全部できて50点

I usually go to school by bus.

（　　　）　　　　（　　　）　　　　（　　　）

2 子どもの答えに合うように質問を選び、線で結びましょう。　1つ25点（50点）

① What do you like?　　　　　　　　●

Where are you from?　　　　　　●　　　　　●　I'm from Australia.

How do you spell your name?　●

② Where do you live?　　　　　　　●　　　　　I live in Osaka.

What time do you get up?　　　●　　　　　●

What do you want to study?　　●

22 人をしょうかいする①

★次の英文を練習しましょう。カタカナを声に出して読み、その下のうすい字をなぞりましょう。

全部読めて40点／なぞって各15点（100点）

フー　イズ　ズィス
Who is this?

こちらはどなたですか。

ワンポイント

「Who is（are）〜？」で、「〜はだれ（どなた）ですか。」と人についてたずねることができます。

Who is this?

Who is this?

ズィス　イズ　　　　シロクマ
This is Shirokuma.

こちらはしろくまです。

This is Shirokuma.

This is Shirokuma.

★次の英文を練習しましょう。カタカナを声に出して読み、
その下のうすい字をなぞりましょう。

全部読めて40点／なぞって各10点（100点）

フー　イズ　　サトシ
Who is Satoshi?
さとしとはどなたですか。

Who is Satoshi?

Who is Satoshi?

ヒー　イズ　マイ　　フレンド
He is my friend.
かれはわたしの友だちです。

ワンポイント
自分や話し相手以外について説明する時は「He (She) is ～. (かれ (かの女) は ～です)」を使います。

He is my friend.

He is my friend.

ヒー　ライクス　　ヂュース
He likes juice.
かれはジュースが好きです。

ワンポイント
「He (She) likes ～」で、「かれ (かの女) は ～が好きです」と説明できます。

He likes juice.

He likes juice.

人をしょうかいする③

月日 点 できたね シール

★ 次の英文を練習しましょう。カタカナを声に出して読み、その下のうすい字をなぞりましょう。

全部読めて40点／なぞって各15点（100点）

フー　イズ　ユア　　ヒーロウ
Who is your hero?

あなたのヒーローはだれですか。

Who is your hero?

Who is your hero?

マイ　　ヒーロウ イズ　マイ　　ファーザ
My hero is my father.

ぼくのヒーローはぼくのお父さんです。

My hero is my father.

My hero is my father.

25 人をしょうかいする④

★次の英文を練習しましょう。カタカナを声に出して読み、その下のうすい字をなぞりましょう。

全部読めて40点／なぞって各10点（100点）

（ホ）ワイ　イズ　ヒー　ユア　ヒーロウ

Why is he your hero?

なぜかれはあなたのヒーローなのですか。

ワンポイント
理由をたずねる時は「why」（なぜ）という単語をぎ問文の最初につけます。

Why is he　your hero?

Why is he your hero?

ヒー　イズ　グド　アト　クキング

He is good at cooking.

かれは料理が上手です。

ワンポイント
得意なことを表現する時は「○○is good at ～.（○○は～が上手です）」を使います。主語が「I」の時は is を am に、「you」の時は are に変えましょう。

He is good at　cooking.

He is good at cooking.

ヒー　イズ　オールウェイズ　カインド　トゥ　ミー

He is always kind to me.

かれはいつもぼくにやさしいです。

He is always kind to　me.

He is always kind to me.

29

26 人をしょうかいする⑤

月 日
点
できたね シール

★次の英文を練習しましょう。カタカナを声に出して読み、その下のうすい字をなぞりましょう。

全部読めて40点／なぞって各10点(100点)

マイ　ヒーロウ　イズ　ミズ　ササキ
My hero is Ms. Sasaki.
わたしのヒーローは佐々木さんです。

ワンポイント
男の人の名前の前に「Mr.」、女の人の名前の前に「Ms.」をつけると、「～さん／先生」とその人をうやまった表現になります。

My hero is Ms. Sasaki.

My hero is Ms. Sasaki.

シー　イズ　ア　フローリスト
She is a florist.
かの女は花屋です。

She is a florist.

She is a florist.

オウ　アイ　スィー
Oh, I see.
ああ、そうなんですね。

Oh, I see.

Oh, I see.

得意なこと

月　日

点　てきたね　シール

★次の英文を練習しましょう。カタカナを声に出して読み、
その下のうすい字をなぞりましょう。

全部読めて40点／なぞって各15点（100点）

トカゲ　　　カン　　スウィム　　ウェル
Tokage can swim well.
とかげは上手に泳ぐことができます。

Tokage can swim well.

Tokage can swim well.

オバケ　　　カン　　クリーン　　ウェル
Obake can clean well.
おばけは上手にそうじをすることができます。

Obake can clean well.

Obake can clean well.

ワンポイント　「can 〜 well」は「上手に〜することができる」
という意味です。

28 復習ドリル④

月　日

点

てきたね　シール

1 自然な会話になるように、（　）に入る英語をそれぞれ□□□から選び、書きましょう。

1つ30点（60点）

（　　　　　　　　） is this?　──　This is Haruto. He is my friend.

Who is your hero?　──　My（　　　　　　　　） is Mr. Suzuki.

What　　Who　　hero　　friend

2 しょうかいカードを読み、三人の名前を（　）に英語で書きましょう。

全部てきて40点

This is Saki.
She is good at doing judo.

（　　　　　　　　）

This is Kevin.
He can play the piano.

This is Miku.
She is good at cooking.

（　　　　　　　　）

（　　　　　　　　）

月　日
点
てきたね
シール

★次の英文を練習しましょう。カタカナを声に出して読み、
その下のうすい字をなぞりましょう。

全部読めて40点／なぞって各10点（100点）

（ホ）ウェア　イズ　ザ　ポウスト　オーフィス
Where is the post office?
ゆう便局はどこですか。

Where is the post office?

Where is the post office?

ゴウ　　ストレイト　　フォ　トゥー　　ブラクス
Go straight for two blocks.
二区画まっすぐ行ってください。

Go straight for two blocks.

Go straight for two blocks.

ユー　カン　スィー　イト　アン　ユア　レフト
You can see it on your left.
左側にそれが見えますよ。

You can see it on your left.

You can see it on your left.

ワンポイント　「go straight」で「まっすぐ行く」、「on your left」で
「（あなたの）左側に」という意味です。

30 道案内②

★ 次の英文を練習しましょう。カタカナを声に出して読み、
その下のうすい字をなぞりましょう。

全部読めて40点／なぞって各10点(100点)

（ホ）ウェア　イズ　ザ　スティディアム
Where is the stadium?
競技場はどこですか。

Where is the stadium?

Where is the stadium?

ターン　ライト
Turn right.
右に曲がってください。

ワンポイント
「turn right」て「右に曲がる」という意味です。

Turn right.

Turn right.

ユー　カン　スィー　イト　アン　ユア　ライト
You can see it on your right.
右側にそれが見えますよ。

You can see it on your right.

You can see it on your right.

お礼を伝える文

★次の英文を練習しましょう。カタカナを声に出して読み、
その下のうすい字をなぞりましょう。

全部読めて40点／なぞって各10点（100点）

サンキュ　ソウ　マチ
Thank you so much.
本当にありがとうございます。

Thank you so much.

Thank you so much.

ユア　　　ウェルカム
You're welcome.
どういたしまして。

ワンポイント
「どういたしまして」は他に、「Not at all.」
「That's all right.」と表現することもできます。

You're welcome.

You're welcome.

ノウ　プラブレム
No problem.
問題ないですよ。

No problem.

No problem.

店での注文①

★次の英文を練習しましょう。カタカナを声に出して読み、
その下のうすい字をなぞりましょう。

全部読めて40点／なぞって各15点（100点）

（ホ）ワト　　ウッヂュー　　ライク
What would you like?

何にしますか。

ワンポイント

「would like 〜」は「〜をほしいと思う／いただきたい」という丁ねいな表現です。

What would you like?

What would you like?

アイド　ライク　ア　　　ハンバーガ
I'd like a hamburger.

ハンバーガーをください。

ワンポイント

「I'd like」は「I would like」の短しゅく形です。

I'd like a hamburger.

I'd like a hamburger.

月　日

点

できたね
シール

★次の英文を練習しましょう。カタカナを声に出して読み、
その下のうすい字をなぞりましょう。

全部読めて40点／なぞって各15点（100点）

ハウ　　　マチ　イズ　イト
How much is it?

それはいくらですか。

ワンポイント
ねだんをたずねる時は「How much is(are) 〜？
（〜はいくらですか）」を使います。

How much is it?

How much is it?

ア　　　　ハンバーガ　　　イズ　ファイブハンドレドセヴンティ　イェン
A hamburger is 570 yen.

ハンバーガーは570円です。

A hamburger is 570 yen.

A hamburger is 570 yen.

★次の英文を練習しましょう。カタカナを声に出して読み、
その下のうすい字をなぞりましょう。

全部読めて40点／なぞって各10点(100点)

スィクスハンドレドエイティ イェン プリーズ
680 yen, please.
680円になります。

ワンポイント
「please」は、ここでは「お願いします／すみませんが」という意味です。

680 yen, please .

680 yen, please.

オウケイ　　　ヒア　　ユ　　アー
OK.　　Here you are.
わかりました。　はい、どうぞ。

OK. Here you are.

OK. Here you are.

サンキュ
Thank you.
ありがとうございます。

Thank you.

Thank you.

復習ドリル⑤

1 地図を見ながら、英語の質問（Q）に答えましょう。（　）に入る英語を□□□
から選んで書きましょう。

Q:Where is the post office?

Go straight for (　　　　　　　　) blocks.

You can see it on your (　　　　　　　　) .

library		book store
flower shop	post office	

two	three	right	left

2 イラストの会話にあう英文を□□□から選んで、記号を書きましょう。

(1)

It's 320 yen,

(1) (　　　　)

(2)

I'd like a sandwich.

(2) (　　　　)

㋐ What would you like?

㋑ Where is a hamburger shop?

㋒ Are you hungry?

㋓ How much is it?

36 好きな季節を たずねる①

★次の英文を練習しましょう。カタカナを声に出して読み、
その下のうすい字をなぞりましょう。

全部読めて40点／なぞって各15点(100点)

（ホ）ワト　　スィーズン　　ドゥ　ユー　　ライク
What season do you like?
どの季節が好きですか。

~~What season do you like?~~

~~What season do you like?~~

アイ ライク　　　ウィンタ
I like winter.
わたしは冬が好きです。

ワンポイント

四つの季節はそれぞれ、spring（春）、
summer（夏）、fall／autumn（秋）、
winter（冬）という単語で表します。

~~I like~~ winter.

~~I like winter.~~

★次の英文を練習しましょう。カタカナを声に出して読み、
その下のうすい字をなぞりましょう。

全部読めて40点／なぞって各15点（100点）

 （ホ）ワイ　ドゥ　ユー　ライク　ウィンタ
Why do you like winter?
なぜ冬が好きなのですか。

Why do you like winter?

Why do you like winter?

ウィー　ハヴ　ニュー　イアズ　デイ　イン　ウィンタ
We have New Year's Day in winter.
冬にはお正月があるからです。

We have New Year's Day in winter.

We have New Year's Day in winter.

 ワンポイント 「We have ～ in (季節).」で、「(季節)には～があります」
と季節の行事を説明できます。

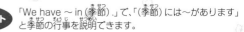

月　日

点　シール

★ 次の英文を練習しましょう。カタカナを声に出して読み、
その下のうすい字をなぞりましょう。

全部読めて40点／なぞって各15点（100点）

（ホ）ワト　ドゥ　ユー　ドゥ　アン　ニュー　　イアズ　　デイ

What do you do on New Year's Day?

お正月には何をしますか。

What do you do on New Year's Day?

What do you do on New Year's Day?

ウィー　ユージュアリ　プレイ　　カルタ

We usually play *karuta*.

わたしたちはふつうかるたをします。

We usually play *karuta*.

We usually play *karuta*.

 ワンポイント

「karuta」のように、「英語化した日本語」のうち外来語として広く知られていない言葉は、しゃ体（ななめにした字体、イタリックともいう）で表されることが多いです。

★次の英文を練習しましょう。カタカナを声に出して読み、
その下のうすい字をなぞりましょう。

全部読めて40点／なぞって各15点（100点）

ウィー　ハヴ　ハナミ　イン　スプリング
We have *hanami* in spring.
ぼくたちは春に花見をします。

We have *hanami* in spring.

We have *hanami* in spring.

ユー　カン　イート　ハナミ　ベントー
You can eat *hanami-bento*.
花見弁当を食べることができますよ。

You can eat *hanami-bento*.

You can eat *hanami-bento*.

★次の英文を練習しましょう。カタカナを声に出して読み、
その下のうすい字をなぞりましょう。

全部読めて40点／なぞって各15点(100点)

ウィー　ユージュアリ　スロウ　ビーンズ　アン　セツブン

We usually throw beans on *setsubun.*

わたしたちはいつも節分の日には豆をまきます。

We usually throw beans on *setsubun.*

We usually throw beans on *setsubun.*

オウ　　リーアリ

Oh, really?

まあ、本当に。

ワンポイント

「really」は「本当に」という意味で、特にここでは相手の
言葉に対する相づちやおどろきを表しています。

Oh, really?

Oh, really?

復習ドリル⑥

1 イラストを見ながら、質問の答えを作ります。（　）に当てはまる英単語を書きましょう。

1つ20点（40点）

What season do you like?

― I like （　　　　　　　　）.

What season do you like?

― I like （　　　　　　　　）.

2 次の英語の質問の答えに関係があるものが3つかくれています。たて、または横でさがして◯で囲みましょう。

1つ20点（60点）

What do you do on New Year's day?

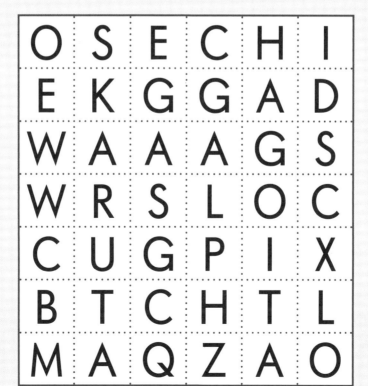

O	S	E	C	H	I
E	K	G	G	A	D
W	A	A	A	G	S
W	R	S	L	O	C
C	U	G	P	I	X
B	T	C	H	T	L
M	A	Q	Z	A	O

旅行先の説明①

月 日

点

できたね
シール

★次の英文を練習しましょう。カタカナを声に出して読み、
その下のうすい字をなぞりましょう。

全部読めて40点／なぞって各15点(100点)

(ホ)ウェア　ドゥ　ユー　ワントゥ　ゴウ

Where do you want to go?

どこに行きたいですか。

ワンポイント

「want to〜」で、「〜したい」とやりたいことを表現できます。「want to go」は「行きたい」という意味です。

Where do you want to go?

Where do you want to go?

アイ　ワントゥ　ゴウ　トゥ　オーストレイリャ

I want to go to Australia.

わたしはオーストラリアに行きたいです。

I want to go to Australia.

I want to go to Australia.

旅行先の説明②

★次の英文を練習しましょう。カタカナを声に出して読み、
その下のうすい字をなぞりましょう。

全部読めて40点／なぞって各15点（100点）

オーストレイリャ　イズ　ア　ナイス　　カントリ
Australia is a nice country.
オーストラリアはいい国です。

Australia is a nice country.

Australia is a nice country.

ユー　　カン　　スィー　　コウアーラズ
You can see koalas.
コアラを見ることができますよ。

ワンポイント
旅行先で見られるものを説明する時は「You can see ～.（～を見ることができます）」を使います。

You can see koalas.

You can see koalas.

月 日

点

できたね
シール

★次の英文を練習しましょう。カタカナを声に出して読み、
その下のうすい字をなぞりましょう。

全部読めて40点／なぞって各10点（100点）

ユー　カン　スィー　ズィ　アイフル　タウア
You can see the Eiffel Tower.
エッフェルとうを見ることができます。

You can see the Eiffel Tower.

You can see the Eiffel Tower.

ドゥ　ユー　ノウ　ズィス　タウア
Do you know this tower?
このとうを知っていますか。

Do you know this tower?

Do you know this tower?

イェス　アイ　ドゥ
Yes, I do.
はい、知っています。

ワンポイント
「Do you ～?」のぎ問文には、「Yes, I do.」(はい、そうです)または、「No, I don't.」(いいえ、ちがいます)で答えます。

Yes, I do.

Yes, I do.

45 旅行先の説明④

★ 次の英文を練習しましょう。カタカナを声に出して読み、
その下のうすい字をなぞりましょう。

全部読めて40点／なぞって各15点（100点）

（ホ）ワト　ドゥ　ユー　　ワントゥ　　イート

What do you want to eat?

あなたは何を食べたいですか。

ワンポイント

「want to eat」は「食べたい」という意味です。

What do you want to eat?

What do you want to eat?

アイ　　ワントゥ　　イート　　ピーツァ

I want to eat pizza.

わたしはピザが食べたいです。

I want to eat pizza.

I want to eat pizza.

46 旅行先の説明⑤

★ 次の英文を練習しましょう。カタカナを声に出して読み、その下のうすい字をなぞりましょう。

全部読めて40点／なぞって各15点（100点）

ユー　カン　イート　ピーツァ
You can eat pizza.

ピザを食べることができますよ。

You can eat pizza.

You can eat pizza.

イツ　　ディリシャス
It's delicious.

それはおいしいです。

ワンポイント

「delicious」は「（とても）おいしい」という意味です。ここでは「good」や「yummy」に置きかえることもできます。

It's delicious.

It's delicious.

月 日
点

できたね
シール

1 左の質問に対して正しい答えを右から選び、線で結びましょう。 1つ25点(75点)

Where do you want to go? ●　　● I want to eat pancakes.

What do you want to eat? ●　　● Yes. It's Tokyo Skytree.

Do you know this tower? ●　　● I want to go to Canada.

2 英語が表す意味と合うイラストを一つ選び、( )に〇を書きましょう。 25点

Australia is a nice country.

(　　)　　　　(　　)　　　　(　　)

月　日
点　シール
できたね

★次の英文を練習しましょう。カタカナを声に出して読み、
その下のうすい字をなぞりましょう。

全部読めて40点／なぞって各15点（100点）

（ホ）ウェア　ディド　ユー　ゴウ　ディス　サマ
Where did you go this summer?
あなたはこの夏どこへ行きましたか。

ワンポイント
過去に行った場所をたずねる時は
「Where did you go？（どこへ行き
ましたか）」を使います。

Where did you go this summer?

Where did you go this summer?

アイ　ウェントゥ　ザ　マウンテン
I went to the mountain.
ぼくは山へ行きました。

ワンポイント
過去に行った場所を表現する時は
「went to ～（～へ行った）」を使います。

I went to the mountain.

I went to the mountain.

休日の思い出②

月 日
点
できたね シール

★次の英文を練習しましょう。カタカナを声に出して読み、
その下のうすい字をなぞりましょう。

全部読めて40点／なぞって各15点（100点）

ハウ　ワズ　ユア　　サマ　　ヴェイケイション
How was your summer vacation?
夏休みはどうでしたか。

ワンポイント
過去の思い出をたずねる時は「How was ～?（～はどうでしたか）」を使います。

How was your summer vacation?

How was your summer vacation?

アイ　インヂョイド　　キャンピング
I enjoyed camping.
ぼくはキャンプを楽しみました。

ワンポイント
「enjoy」（楽しむ）という単語に「ed」をつけると、「enjoyed」（楽しんだ）という過去のことを表す単語になります。

I enjoyed camping.

I enjoyed camping.

50 休日の思い出③

★次の英文を練習しましょう。カタカナを声に出して読み、
その下のうすい字をなぞりましょう。

全部読めて40点／なぞって各10点(100点)

ディド　ユー　インヂョイ　キャンピング
Did you enjoy camping?
あなたはキャンプを楽しみましたか。

ワンポイント
「Did you enjoy 〜?」て、「あなたは〜を楽しみましたか。」とたずねることができます。

Did you enjoy camping?

Did you enjoy camping?

イエス　アイ　ディド
Yes, I did.
はい、楽しみました。

ワンポイント
「Did you 〜?」のぎ問文には、「Yes, I did.」(はい、そうでした) または、「No, I didn't.」(いいえ、ちがいました) で答えます。

Yes, I did.

Yes, I did.

イト　ワズ　ファン
It was fun.
楽しかったです。

ワンポイント
「fun」は「楽しい」という意味です。ここでは「great」や「nice」に置きかえることもできます。

It was fun.

It was fun.

★次の英文を練習しましょう。カタカナを声に出して読み、その下のうすい字をなぞりましょう。

全部読めて40点／なぞって各15点（100点）

アイ エイト　カーリ　アンド　ライス
I ate curry and rice.
ぼくはカレーライスを食べました。

ワンポイント
「ate 〜」で、「〜を食べた」と過去に食べたものを表現できます。

I ate curry and rice.

I ate curry and rice.

イト　ワズ　　グレイト
It was great.
それはとてもおいしかったです。

It was great.

It was great.

月 日

できたね
シール

点

★次の英文を練習しましょう。カタカナを声に出して読み、
その下のうすい字をなぞりましょう。

全部読めて40点／なぞって各15点（100点）

アイ　ウェントゥ　レイク　ビワ
I went to Lake Biwa.
ぼくは琵琶湖へ行きました。

I went to Lake Biwa.

I went to Lake Biwa.

イト　ワズ　ラーヂ
It was large.
それは大きかったです。

ワンポイント

「large」は「大きい／広い」という意味です。

It was large.

It was large.

復習ドリル⑧

★ ①〜④の英語の文の（　）に入る英単語を、たて、または横でさがして
　　で囲みましょう。

1つ25点（100点）

```
C U R R Y S
E A H L G U
N M Y C N M
J P Q D Z M
O L A R G E
Y N L A R R
```

① Did you（　　　　　　　）camping?

「キャンプは楽しかったですか」

② I ate（　　　　　　　）and rice.

「わたしはカレーライスを食べました」

③ Lake Biwa was（　　　　　　　）.

「琵琶湖は大きかったです」

④ How was your（　　　　　　　）vacation?

「夏休みはどうでしたか」

54 生き物の説明①

★ 次の英文を練習しましょう。カタカナを声に出して読み、
その下のうすい字をなぞりましょう。

全部読めて40点／なぞって各15点（100点）

（ホ）ワト　アニマルズ　カン　ユー　スィー　イン　ザ　スィー
What animals can you see in the sea?
海でどんな動物を見ることができますか。

What animals can you see in the sea?

What animals can you see in the sea?

アイ　カン　スィー　スィー　タートルズ
I can see sea turtles.
ウミガメを見ることができます。

I can see sea turtles.

I can see sea turtles.

★次の英文を練習しましょう。カタカナを声に出して読み、
その下のうすい字をなぞりましょう。

全部読めて40点／なぞって各15点（100点）

（ホ）ウェア　ドゥ　スィー　タートルズ　リヴ

Where do sea turtles live?

ウミガメはどこに住んでいますか。

Where do sea turtles live?

Where do sea turtles live?

スィ　タ　トルズ　リヴ　ィン　サ　スィー

Sea turtles live in the sea.

ウミガメは海に住んでいます。

Sea turtles live in the sea.

Sea turtles live in the sea.

★次の英文を練習しましょう。カタカナを声に出して読み、
その下のうすい字をなぞりましょう。

全部読めて40点／なぞって各15点（100点）

（ホ）ワト　ドゥ　スィー　タートルズ　イート
What do sea turtles eat?
ウミガメは何を食べますか。

What do sea turtles eat?

What do sea turtles eat?

スィー　タートルズ　イート　ヂェリフィシュ
Sea turtles eat jellyfish.
ウミガメはクラゲを食べます。

Sea turtles eat jellyfish.

Sea turtles eat jellyfish.

復習ドリル⑨

★イラストの内容に合うように、□の英語カードをならべかえ、日本語を英語にして書きましょう。

全部できて100点

(1)「ウミガメは何を食べますか。」

?

| What | sea turtles |

| do | eat |

?

(2)「山でどんな動物を見ることができますか。」

?

| in the mountains | can you |

| animals | What | see |

?

(3)「もぐらは地下に住んでいます。」

| under | live |

| Moles | the ground |

.

毎日の食事①

★ 次の英文を練習しましょう。カタカナを声に出して読み、
その下のうすい字をなぞりましょう。

全部読めて40点／なぞって各10点（100点）

アー　ユー　ハングリ
Are you hungry?

おなかがすいていますか。

ワンポイント

「hungry」は「おなかがすいている」
という意味です。

Are you hungry?

Are you hungry?

ノウ　アイム　ナト
No, I'm not.

いいえ、すいていません。

ワンポイント

「Are you ～?」のぎ問文には、「Yes, I am.」（は
い、そうです）または、「No, I'm not.」（いいえ、
ちがいます）で答えます。

No, I'm not.

No, I'm not.

アイム　フル
I'm full.

ぼくはおなかがいっぱいです。

I'm full.

I'm full.

★次の英文を練習しましょう。カタカナを声に出して読み、
その下のうすい字をなぞりましょう。

全部読めて40点／なぞって各15点（100点）

（ホ）ワト　ドゥ　ユー　ユージュアリ　ハヴ　フォ　ブレクファスト
What do you usually have for breakfast?
いつも朝食に何を食べますか。

What do you usually have for breakfast?

What do you usually have for breakfast?

アイ　ユージュアリ　ハヴ　ブレド　フォ　ブレクファスト
I usually have bread for breakfast.
わたしはいつも朝食にパンを食べます。

I usually have bread for breakfast.

I usually have bread for breakfast.

 ワンポイント

「食べる」という意味の英単語は「eat」ですが、「食事（breakfast、lunch、dinner）をとる（食べる）」と表現する時は「have」を使うことも多いです。

毎日の食事③

★ 次の英文を練習しましょう。カタカナを声に出して読み、
その下のうすい字をなぞりましょう。

全部読めて40点／なぞって各10点（100点）

アイ　エイト　　カーリ　　アンド　　ライス　　ラスト　　ナイト
I ate curry and rice last night.
わたしは昨日の夜カレーライスを食べました。

I ate curry and rice last night.

I ate curry and rice last night.

アイ　ユージュアリ　　イート　　スープ　　アト　　ホウム
I usually eat soup at home.
わたしは家でいつもスープを食べます。

I usually eat soup at home.

I usually eat soup at home.

ザ　　スープ　イズ　　ディリシャス
The soup is delicious.
そのスープはおいしいです。

The soup is delicious.

The soup is delicious.

食材の説明①

★次の英文を練習しましょう。カタカナを声に出して読み、その下のうすい字をなぞりましょう。

全部読めて40点／なぞって各15点（100点）

ザ　ビーフ　イズ　フラム　　オーストレイリャ
The beef is from Australia.
その牛肉はオーストラリア産です。

ワンポイント
食材の産地を説明する時は「○○ is (are) from ～.（○○は～産です）」を使います。

The beef is from Australia.

The beef is from Australia.

ザ　　　　トメイトウズ　　ア　　フラム　　　クマモト
The tomatoes are from Kumamoto.
そのトマトは熊本県産です。

The tomatoes are from Kumamoto.

The tomatoes are from Kumamoto.

★次の英文を練習しましょう。カタカナを声に出して読み、
　その下のうすい字をなぞりましょう。

全部読めて40点／なぞって各15点（100点）

（ホ）ウェア　イズ　ザ　ポーク　フラム
Where is the pork from?
そのぶた肉はどこからきましたか。

Where is the pork from?

Where is the pork from?

ザ　　ポーク　イズ　フラム　　　カゴシマ
The pork is from Kagoshima.
そのぶた肉は鹿児島県産です。

The pork is from Kagoshima.

The pork is from Kagoshima.

復習ドリル⑩

1 英語の質問の答えに合うイラストを一つ選び、（　）に〇を書きましょう。 **40点**

What do you usually eat for lunch?

― I usually eat bento.

（　　　）　（　　　）　（　　　）

2 それぞれの英語の質問と、その答えになるカードを線で結びましょう。 **1つ20点（60点）**

| Are you hungry? | What do you usually have for breakfast? | Where is the cucumber from? |

| It's from Miyazaki. | Yes, I am. | I usually have rice balls. |

月 日
点
てきたね シール

★次の英文を練習しましょう。カタカナを声に出して読み、
その下のうすい字をなぞりましょう。

全部読めて40点／なぞって各15点(100点)

（ホ）ワト　イズ　ユア　　ベスト　　メモリ
What is your best memory?
あなたの一番の思い出はなんですか。

ワンポイント
「best」は「最高の／一番の／
最も良い」という意味です。

What is your best memory?

What is your best memory?

マイ　　ベスト　　　メモリ　　イズ　アウア　　スクール　　トリプ
My best memory is our school trip.
ぼくの一番の思い出は修学旅行です。

My best memory is　　　　our school trip.

My best memory is our school trip.

月 日
点
できたね
シール

★次の英文を練習しましょう。カタカナを声に出して読み、
その下のうすい字をなぞりましょう。

全部読めて40点／なぞって各15点（100点）

ウィー　ウェントゥ　オキナワ　イン　ヂャニュエリ
We went to Okinawa in January.
わたしたちは1月に沖縄県に行きました。

We went to Okinawa in January.

We went to Okinawa in January.

ウィー　ソー　メニ　フィシュ イン ズィ　アクウェアリアム
We saw many fish in the aquarium.
わたしたちは水族館でたくさんの魚を見ました。

We saw many fish in the aquarium.

We saw many fish in the aquarium.

ワンポイント 「saw 〜」で、「〜を見た」と過去に見たもの
を表現できます。

66 学校生活の思い出③

★次の英文を練習しましょう。カタカナを声に出して読み、
その下のうすい字をなぞりましょう。

全部読めて40点／なぞって各15点（100点）

マイ　ベスト　メモリ　イズ　ザ　フィールド　トリプ　イン　フォール
My best memory is the field trip in fall.
わたしの一番の思い出は秋の遠足です。

My best memory is the field trip in fall.

My best memory is the field trip in fall.

オウ　フィールド　トリプ
Oh, field trip!
ああ、遠足ね！

Oh, field trip!

Oh, field trip!

昨日の出来事①

★次の英文を練習しましょう。カタカナを声に出して読み、その下のうすい字をなぞりましょう。

全部読めて40点／なぞって各15点（100点）

（ホ）ワト　ディド　ユー　インヂョイ　イェスタデイ

What did you enjoy yesterday?

あなたは昨日何を楽しみましたか。

What did you enjoy yesterday?

What did you enjoy yesterday?

アイ　インヂョイド　　ワッチング　ティーヴィーウィズ　マイ　ファミリ

I enjoyed watching TV with my family.

わたしは家族とテレビを見て楽しみました。

I enjoyed watching TV with my family.

I enjoyed watching TV with my family.

昨日の出来事②

月 日

点 てきたね シール

★次の英文を練習しましょう。カタカナを声に出して読み、
その下のうすい字をなぞりましょう。

全部読めて40点／なぞって各15点(100点)

ワズ　ザ　ムーヴィ　イクサイティング
Was the movie exciting?

えい画はおもしろかったですか。

ワンポイント
「exciting」は「わくわくする／
（とても）おもしろい」という
意味です。

the movie exciting?

Was the movie exciting?

イェス　イト　ワズ
Yes, it was.

はい、おもしろかったです。

Yes, it was.

Yes, it was.

月 日
点
てきたね シール

1 うすい字の英文をなぞり、その内容とあっているイラストを選んで
（　）に〇を書きましょう。

50点

My best memory is the school trip.

（　　）　　　（　　）　　　（　　）

2 英語の質問の答えとして正しくなるように、カードをならべかえて
英文を書きましょう。

1つ25点（50点）

(1) What did you enjoy?

| singing | I | enjoyed | with my friends |

(2) What is your best memory?

| our field trip | memory | is | My best |

70 中学校でしたいこと①

★次の英文を練習しましょう。カタカナを声に出して読み、
その下のうすい字をなぞりましょう。

全部読めて40点／なぞって各10点（100点）

（ホ）ワト　ドゥ　ユー　ワントゥ　ドゥ　イン　ヂューニャ　ハイ　スクール
What do you want to do in junior high school?
中学校で何をしたいですか。

What do you want to do in junior high school?

What do you want to do in junior high school?

アイ　ワントゥ　ウェア　ザ　ユーニフォーム
I want to wear the uniform.
わたしは制服を着たいです。

I want to wear the uniform.

I want to wear the uniform.

アイ　ワントゥ　スタディ　ハード
I want to study hard.
ぼくは一生けん命勉強したいです。

I want to study hard.

I want to study hard.

月　日
点
てきたね　シール

★次の英文を練習しましょう。カタカナを声に出して読み、
その下のうすい字をなぞりましょう。

全部読めて40点／なぞって各15点（100点）

（ホ）ワト　　サブヂクト　　ドゥ　　ユー　　ワントゥ　　インヂョイ
What subject do you want to enjoy?
どの教科を楽しみたいですか。

subject ?

アイ　　ワントゥ　　インヂョイ　　サイエンス
I want to enjoy science.
わたしは理科を楽しみたいです。

science.

72 中学校でしたいこと③

★次の英文を練習しましょう。カタカナを声に出して読み、
その下のうすい字をなぞりましょう。

全部読めて40点／なぞって各10点(100点)

（ホ）ワト　クラブ　ドゥ　ユー　ワントゥ　ヂョイン
What club do you want to join?
どのクラブに入りたいですか。

What club do you want to join?

What club do you want to join?

アイ　ワントゥ　ヂョイン　ザ　ブラス　バンド
I want to join the brass band.
わたしはすいそう楽部に入りたいです。

I want to join the brass band.

I want to join the brass band.

アイ　ワントゥ　ヂョイン　ザ　サカ　クラブ
I want to join the soccer club.
ぼくはサッカー部に入りたいです。

I want to join the soccer club.

I want to join the soccer club.

76

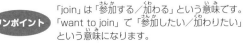

ワンポイント 「join」は「参加する／加わる」という意味です。
「want to join」で「参加したい／加わりたい」
という意味になります。

73 卒業式のこと

月 日

点

てきたね
シール

★次の英文を練習しましょう。カタカナを声に出して読み、
その下のうすい字をなぞりましょう。

全部読めて40点／なぞって各10点（100点）

ズィス　ワズ　マイ　フェイヴァリト　クラス
This was my favorite class.
このクラスはわたしの大好きなクラスでした。

This was my favorite class.

This was my favorite class.

レツ　ビー　フレンヅ　フォレヴァ
Let's be friends forever.
ずっと友達でいよう。

ワンポイント
「let's」は「let us」の短しゅく形です。相手をさそう時は「Let's do ～.（～しよう）」を使います。

Let's be friends forever.

Let's be friends forever.

スィー　ユー　アゲン
See you again.
また会おうね。

ワンポイント
「See you.」は、「さようなら／じゃあまた」と別れのあいさつの表現です。

See you again.

See you again.

77

★それぞれの質問の答えに合うイラストを一つ選び、（　）に〇を書きましょう。

1つ50点（100点）

(1) What club do you want to join?

— I want to join the brass band.

（　　）　　（　　）　　（　　）

(2) What school event do you want to enjoy?

— I want to enjoy the swimming meet.

（　　）　　（　　）　　（　　）

英語で表現してみよう
～自こしょうかい～

★例文を見ながら、下線部を自分のことに変えて自こしょうかいをする文を作りましょう。

（例）I'm Mika.
わたしはみかです。

自分の名前を書いてみましょう。

I'm

（例）I'm from Canada.
わたしはカナダ出身です。

自分の出身地を書いてみましょう。

I'm from

好きなものを書いてみましょう。スポーツや食べ物、習い事などはば広く考えてみましょう。

（例）I like tennis.
わたしはテニスが好きです。

I like

（例）My birthday is August 8th.
わたしのたん生日は8月8日です。

自分のたん生日を書いてみましょう。

My birthday is

英語で表現してみよう
～学校・日常生活～

月　日　てきたね　シール

★例文を見ながら、下線部を自分のことに変えて学校生活や日常生活をしょうかいをする文を作りましょう。

（例）**I live in <u>China</u>.**

わたしは中国に住んでいます。

自分の住んでいる国を書いてみましょう。

I live in

（例）**I go to <u>Sumikko elementary school</u>.**

わたしはすみっコ小学校へ通っています。

通っている学校を書いてみましょう。

I go to

（例）**I <u>usually play basketball on Fridays</u>.**

わたしはいつも金曜日にバスケットボールをします。

自分の習慣を書いてみましょう。

I usually

（例）**My treasure is <u>this book</u>.**

わたしのたから物はこの本です。

自分のたから物を書いてみましょう。

My treasure is

英語で表現してみよう
～行ってみたい国～

★例文を見ながら、下線部を変えて①～③の質問に英語で答えましょう。

① **Where do you want to go?**

あなたはどこへ行きたいですか。

（例）I want to go to <u>France</u>.

わたしはフランスへ行きたいです。

行ってみたい国を書いてみましょう。

I want to go to

② **Why do you want to go to that country?**

あなたはなぜその国に行きたいのですか。

（例）I want to see <u>Eiffel Tower</u>.

わたしはエッフェルとうが見たいです。

①の国で見たいものを書いてみましょう。

I want to see

③ **What do you want to eat in that country?**

あなたはその国で何を食べたいですか。

（例）I want to eat <u>chocolate</u>.

わたしはチョコレートが食べたいです。

①の国で食べたいものを書いてみましょう。

I want to eat

英語で表現してみよう
～しょう来の夢～

★例文を見ながら、下線部を変えて①～③の質問に英語で答えましょう。

① **What club do you want to join in junior high school?**

あなたは中学校でどのクラブに入りたいですか。

（例）I want to join the volleyball club.

わたしはバレーボール部に入りたいです。

中学校で入りたいクラブを書いてみましょう。

I want to join

② **What do you want to be?**

あなたは何になりたいですか。

（例）I want to be a doctor.

わたしは医者になりたいです。

しょう来なりたいものを書いてみましょう。

I want to be

③ **Where do you want to live in the future?**

あなたはしょう来どこに住みたいですか。

（例）I want to live in USA.

わたしはアメリカ合しゅう国に
住みたいです。

しょう来住んでみたい国や地いきを書いてみましょう。

I want to live in

答え合わせ

33〜38ページ、40〜44ページ、46〜50ページ、52〜56ページ、58〜60ページ、62〜66ページ、68〜72ページ、74〜77ページ、79〜82ページは、答えを省いています。

13 ページ ⑨ 復習ドリル①

1

I'm Aya. ──── わたしはあやです。

I like apple juice. ──── わたしはリンゴジュースが好きです。

My birthday is June 1st. ──── わたしのたん生日は6月1日です。

2

① Good morning.

② Nice to meet you.

19 ページ ⑮ 復習ドリル②

1

① I want a soccer ball.
（ぼくはサッカーボールがほしいです。）

② I want a piano.
（わたしはピアノがほしいです。）

③ I want a piece of cake.
（ぼくはケーキ（ひと切れ）がほしいです。）

2

① I want to study math. （わたしは算数を勉強したいです。）

② I want a blue cap. （わたしは青いぼうしがほしいです。）

1

I usually go to school by bus.

(わたしはいつもバスで学校へ行きます。)

( ) (O) ( )

2

① What do you like?
(あなたは何が好きですか。)

Where are you from?
(あなたはどちらの出身ですか。)

How do you spell your name?
(あなたの名前はどうつづりますか。)

I'm from Australia.
(わたしはオーストラリアの出身です。)

② Where do you live?
(あなたはどこに住んでいますか。)

What time do you get up?
(あなたは何時に起きますか。)

What do you want to study?
(あなたは何を勉強したいですか。)

I live in Osaka.
(ぼくは大阪に住んでいます。)

1

(**Who**) is this? ― This is Haruto. He is my friend.
(こちらはどなたですか。) (こちらははるとです。かれはわたしの友達です。)

Who is your hero? ― My (**hero**) is Mr. Suzuki.
(あなたのヒーローはだれですか。) (わたしのヒーローは鈴木先生です。)

2

This is Saki.
(こちらはさきです。)
She is good at doing judo.
(かの女はじゅう道が上手です。)

This is Kevin.
(こちらはケビンです。)
He can play the piano.
(かれはピアノをひくことができます。)

This is Miku.
(こちらはみくです。)
She is good at cooking.
(かの女は料理が上手です。)

(Saki)

(Kevin) (Miku)

1 Go straight for (**two**) blocks.
(二区画まっすぐ行ってください。)

You can see it on your (**right**).
(右側にそれが見えますよ。)

2 ① エ ② ア

1 What season do you like?
(どの季節が好きですか。)

What season do you like?
(どの季節が好きですか。)

— I like (**spring**).
(わたしは春が好きです。)

— I like (**winter**).
(わたしは冬が好きです。)

2 What do you do on New Year's day?
(お正月は何をしますか。)

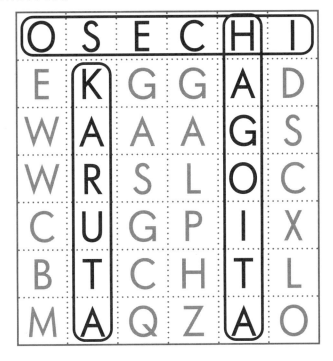

1

Where do you want to go?
（どこに行きたいですか。）

I want to eat pancakes.
（わたしはパンケーキが食べたいです。）

What do you want to eat?
（あなたは何を食べたいですか。）

Yes. It's Tokyo Skytree.
（はい。それは東京スカイツリーです。）

Do you know this tower?
（あなたはこのとうを知っていますか。）

I want to go to Canada.
（わたしはカナダに行きたいです。）

2 Australia is a nice country.
（オーストラリアはいい国です。）

(〇)　　　(　)　　　(　)

① enjoy　② curry　③ large

④ summer

(1) What do sea turtles eat?

(2) What animals can you see in the mountains?

(3) Moles live under the ground.

---

1 What do you usually eat for lunch?
（いつも昼食に何を食べますか。）

　　— I usually eat bento.
　　（わたしはいつも弁当を食べます。）

（　　）　　　（　　）　　　（ 〇 ）

2

| Are you hungry?
 （おなかがすいていますか。） | What do you usually have for breakfast?
 （いつも朝食に何を食べますか。） | Where is the cucumber from?
 （そのキュウリはどこから来ましたか。） |

It's from Miyazaki.
（それは宮崎県産です。）

Yes, I am.
（はい、すいています。）

I usually have rice balls.
（わたしはいつもおにぎりを食べます。）

1 # My best memory is the school trip.

（わたしの一番の思い出は修学旅行です。）

(　)　　　　(　)　　　　(○)

2 (1) # I enjoyed singing with my friends.

（わたしは友達と歌って楽しみました。）

(2) # My best memory is our field trip.

（わたしの一番の思い出は遠足です。）

(1) What club do you want to join?

（どのクラブに入りたいですか。）

— I want to join the brass band.

（わたしはすいそう楽部に入りたいです。）

(　)　　　　(○)　　　　(　)

(2) What school event do you want to enjoy?

（どの学校行事を楽しみたいですか。）

— I want to enjoy the swimming meet.

（わたしは水泳競技会を楽しみたいです。）

(○)　　　　(　)　　　　(　)

※ 「swimming meet」＝ 水泳競技大会

英文の発音と表記について

●それぞれの英文の上にあるカタカナは、その英文の発音に近いものをあくまでも発音の目安として表しています。主にアメリカで使われる発音で表記しています。

●アルファベットは書体により、形の違いがあります。このドリルでは教科書体を中心に学習します。